RÈGLEMENT

Concernant l'Habillement, l'Équipement & l'Armement du Corps de la Gendarmerie.

Du 18 Février 1772.

DE PAR LE ROI.

SA MAJESTÉ voulant rassembler en un seul corps, les dispositions des Ordonnances concernant l'habillement, l'équipement & l'armement de sa Gendarmerie, & pourvoir aux différens objets de sa tenue, sur lesquels Elle n'avoit point encore statué, a ordonné & ordonne ce qui suit :

TITRE I.er

De l'Habillement, Équipement & Armement du Gendarme.

ARTICLE PREMIER.

Composition de l'habillement.

L'HABIT sera de drap écarlate, revers, collet & paremens de même drap, la doublure de serge chamois, à l'exception de celle des manches, qui ſera de toile; l'habit ſera croiſé par-derrière, il ſe portera déboutonné, les baſques retrouſſées & agraffées.

La veſte ſera de drap de couleur chamois, elle ſera doublée de toile de coton écrue.

La culotte ſera de peau de daim, conforme au modèle arrêté; & le Gendarme ſera tenu de s'en pourvoir, & de s'en entretenir à ſes frais.

2.

L'HABIT des Brigadier, Sous-brigadier, Porte-étendard, Fourrier, Appointé & Gendarme, ſera façonné avec une aune & un quart de drap écarlate, large de cinq quarts, deux aunes & demi-quart de ſerge large de cinq huitièmes; trois quarts de toile pour poches & droits-fils, & neuf aunes de galon.

La veſte ſera façonnée avec ſept huitièmes de drap couleur chamois, & une aune de toile de coton de trois quarts de large pour doublure.

3.

Diſpoſition du Galon, & proportions de l'Uniforme.

L'HABIT, les revers, paremens, collet & pattes de poches, ſeront bordés d'un galon d'un pouce de large, de la forme & du deſſin du modèle arrêté; chaque côté de revers ſera garni de ſix brandebourgs, & de deux au-deſſous de chaque revers, leſquels ſeront proportionnés à la taille des Gendarmes, de ſeize à dix-huit pouces de longueur, ils auront trois pouces neuf lignes de largeur à la partie ſupérieure, & trois pouces en bas.

Les brandebourgs du revers formeront trois pointes;

celle du milieu ſera terminée ſur les bords du revers, les deux autres ſeront ſur la même ligne.

Les deux brandebourgs du deſſous de chaque revers, auront la pointe du côté ſur l'alignement des revers.

Le collet ſera rond & élevé du derrière, arrivant du devant juſte au bas du cou, de manière qu'il ferme bien; il ſurpaſſera de deux lignes le bordé du revers, & les pointes ſeront fixées ſous le revers au moyen d'un bouton.

La longueur des manches dépaſſera un peu la jointure du poignet au bras, elles ſeront aſſez larges pour mettre des manches de veſte.

Le parement ſera doublé de ſerge, comme l'habit, il ſera coupé rond en botte, un peu plus large du côté du bras que ſur le poignet, il aura quatre pouces de hauteur.

Les poches ſeront en travers, les pattes poſées trois lignes au-deſſous du bouton de la hanche, & diſtantes de deux pouces du bord de devant.

Il y aura un demi-pli à l'habit, qui ſe terminera au milieu de la baſque, le ſurplus ſera fermé par une couture.

L'habit ſera façonné proportionnément à la taille de chaque Gendarme, aſſez large & aiſé pour qu'il puiſſe faire tous les mouvemens ſans être gêné, il deſcendra juſqu'au plis du jarret, il ſera aſſez large de poitrine, & s'agraſſera juſqu'au troiſième brandebourg.

4.

L'HABIT du Gendarme-appointé, ſera le même que celui du Gendarme, & il ne ſera diſtingué que par un

Diſtinction des Grades.

ſecond galon ſur le parement, de même largeur que celui de l'habit.

Le Fourrier portera le même habit que le Gendarme, il ſera diſtingué par deux brandebourgs de galon pareil à celui de l'habit, qu'il portera ſur chaque parement.

L'habit du Porte-étendard, ſera le même que celui du Gendarme, il ſera diſtingué par un ſecond galon d'un pouce & demi de large, qu'il portera ſur le parement; par un galon pareil à celui de l'habit, qu'il portera autour de chaque poche; & par un écuſſon de galon de même eſpèce, qu'il portera ſur les hanches pour couvrir la couture du pli des côtés.

L'habit uniforme du Sous-brigadier, ſera le même que celui du Porte-étendard.

Le Brigadier portera l'habit uniforme ſemblable à celui du Sous-brigadier, & il ſera diſtingué par un troiſième galon de la largeur d'un pouce ſur le parement, de façon que le galon d'un pouce & demi de large, ſera renfermé par deux autres de la largeur d'un pouce.

Les épaulettes des habits des Gendarmes, ſeront de drap couvert d'un galon d'argent, ſans franges; ce galon ſera liſéré de ſoie de la couleur affectée à chaque compagnie.

Chaque revers ſera garni de ſept petits boutons, & le ſurplus de l'habit le ſera de ſeize gros, dont trois à chaque poche, deux au-deſſous du revers, un ſur chaque hanche, & trois ſur le parement de chaque manche.

Les boutons ſeront argentés, de forme plate, ayant un

ſoleil en relief dans le milieu, autour duquel ſera inſcrit, *Gendarmerie de France.*

La veſte ſera ſans poches, les baſques du devant carrées & ouvertes, elle aura cinq pouces du dernier bouton au bas de la baſque, elle ſera garnie de douze petits boutons, du même modèle que ceux de l'habit.

5.

Des Surtouts.

LE ſurtout du Brigadier, Sous-brigadier, Porte-étendard, Fourrier, Appointé & Gendarme, ſera de drap écarlate doublé de ſerge chamois.

La veſte ſera la même que celle qui a été réglée ci-deſſus pour l'uniforme.

Il ſera employé à la confection de chaque ſurtout :

Une aune un quart Drap large de cinq quarts.

Deux aunes un quart Serge chamois.

Trois quarts Toile pour poches, droits-fils & doublures des manches.

Et vingt gros boutons pareils à ceux de l'habit.

Le ſurtout ſera croiſé par-derrière au bas de la taille, les baſques retrouſſées & agraffées; il ſera fait dans les mêmes proportions que l'habit uniforme, la poche en travers, garnie de trois gros boutons, le parement en botte, fermé en deſſous, & de quatre pouces de hauteur.

Chaque Gendarme ſera tenu de ſe fournir une culotte de drap chamois de la même nuance que la veſte.

6.

Du Manteau.

LE manteau ſera de drap écarlate parementé de ſerge chamois, le collet ſera bordé d'un galon pareil à celui de l'habit, pour la confection duquel il sera employé quatre aunes un tiers de drap large de quatre quarts.

Il sera parementé sur le devant d'une aune & demie de serge chamois.

7.

Épaulettes du surtout pour la distinction des Grades.

LES Gendarmes porteront sur le surtout une épaulette de Sous-lieutenant à fond de soie, de la couleur affectée à leur compagnie, losangée de carreaux de tresse d'argent avec des franges mêlées de soie & d'argent, en proportion du mélange de l'épaulette.

Les Fourriers, Porte-étendards, Sous-brigadiers & Brigadiers, porteront l'épaulette de Lieutenant à fond d'argent losangée de carreaux de soie de la couleur de leur compagnie, & garnie de franges mêlées de filés d'argent & de soie, en proportion du mélange de l'épaulette.

8.

Coiffures & menues fournitures.

LE chapeau sera bordé d'un galon large de vingt-une lignes du même dessin que celui de l'habit.

La cocarde sera de basin conforme au modèle arrêté.

Le col sera de velours noir.

La boucle de col sera d'acier, suivant le modèle.

Les gants de peau de daim, à patte forte.

Tous ces effets seront donnés aux Gendarmes, aux frais des Chefs de brigades.

9.

Tenue des Gendarmes.

LES cheveux seront liés en queue attachée près de la tête, avec une rosette conforme au modèle.

Les cheveux des faces formeront une boucle.

Les manchettes de chemifes feront de batifte ou mouffeline unie, d'un pouce & demi de hauteur, avec un ourlet plat.

Les manchettes de bottes feront de toile, fans être ouvertes; il y aura à la partie fupérieure une boutonnière en long pour l'attacher au quatrième bouton de la culotte.

Les boucles de fouliers feront d'argent ou de métal blanc, de forme carrée, ornée de huit palmes, du même deffin réduit que celles de la broderie des Officiers.

Les bottes molles feront conformes au modèle arrêté.

Il fera toléré, en temps de paix feulement, de porter pendant l'été des cols, gilets, culottes & bas blancs; les gilets & culottes feront de coutil blanc, & exécutés conformément au modèle arrêté; les bas ne pourront être de foie.

10.

De l'Équipement.

LES bottes uniformes feront fortes, conformes au modèle réglé.

De la Bandoulière.

La bandoulière fera de mouton fort, doublée de peau blanche, large de trois pouces huit lignes, & de quatre pieds & demi de longueur, bordée d'un galon d'argent de quinze lignes de largeur, du même deffin que celui de l'habit; le milieu fera rempli par un galon de foie de la couleur affectée à chaque compagnie: chaque bout de la bandoulière fera terminé par une petite plaque de fer poli; fur l'une il fera foudé un petit porte-moufqueton, & fur l'autre une branche de fer recourbée en forme d'anneau.

Du Galon distinctif des bandoulières. Les galons qui formeront le milieu des bandoulières & la distinction des compagnies, seront,

SAVOIR:

De couleur *jonquille* pour la compagnie des Gendarmes-Écossois.

Le *violet*, à celle des Anglois.

Le *gros-vert*, à celle des Bourguignons.

La *feuille-morte*, à celle de Flandre.

Le *rouge-ponceau*, à celle de la Reine.

Le *bleu-céleste* à la compagnie des Gendarmes-Dauphin.

Le *bleu-de-roi*, à celle de Berry.

Le *vert-d'eau*, à celle de Provence.

Le *cramoisi*, à celle d'Artois.

Et le *souci*, à celle d'Orléans.

Du Ceinturon. Le ceinturon sera de buffle, long de quatre pieds, & large de deux pouces & demi, sans piqûre & garni d'une plaque de métal blanc ou d'acier poli, à laquelle il y aura une chape de fer ouverte pour passer un crochet qui sera cousu à l'extrémité de la gauche de la ceinture; le sabre sera porté par un pendant de buffle en ligne perpendiculaire un peu inclinée, & il y sera attaché une petite boucle pour fixer le fourreau du sabre, au moyen d'une courroie qui y sera attachée; le ceinturon sera bordé d'un galon d'argent, conformément au modèle qui en a été réglé.

Lorsque le Gendarme ne sera point à cheval, il portera un ceinturon de buffle jaune sans galon, lequel sera au surplus exécuté dans les mêmes formes & proportions du ceinturon uniforme ci-dessus détaillé, & conforme au modèle arrêté.

Lesdits ceinturons seront toujours portés sur la veste.

Du Sabre. La garde du sabre sera couverte de trois branches à coquille pleine & piquetée de fer bronzé, la lame pleine & à dos, de la longueur de trente-six pouces, un peu recourbée vers la pointe, elle aura quatorze lignes de largeur & cinq lignes d'épaisseur près de la soie, & diminuera en proportion jusqu'à la pointe.

Le fourreau du sabre sera d'un seul cuir à semelle, fort & sans bois, il sera garni d'un bout de fer bronzé & d'une chape de même matière.

Du Cordon de sabre. Le cordon du sabre sera tressé de filés d'argent mêlés de soie de la couleur des compagnies.

De l'Épée. L'épée uniforme que le Gendarme portera à pied, sera d'acier, du même modèle que celle des Officiers supérieurs.

Du Porte-manteau. Le porte-manteau sera de drap écarlate, conforme au modèle, dont la fourniture & l'entretien sera à la charge du Gendarme.

II.

De l'ARMEMENT. Du Mousqueton. LE canon du mousqueton aura deux pieds six pouces quatre lignes de longueur; la baguette sera de fer, la grenadière de cuir rouge à boucle coulante.

Des Pistolets. Les canons des pistolets auront huit pouces & demi de longueur.

Du Plastron de cuirasse. Le plastron de cuirasse sera de fer bronzé, doublé de toile matelassée, & bordé de drap cramoisi festonné.

Les bretelles seront de cuir rouge.

Les boucles & agraffes de fer bronzé.

12.

De l'Équipage du Cheval.

De la Selle.

La selle d'armes sera de cuir fauve, des mêmes proportions que celles de la Cavalerie, & conforme au modèle arrêté.

De la Bride.

La monture de bride & filet à la françoise; les rênes, les montans, la sous-gorge & la muselière auront douze lignes de large; la têtière sera de deux pouces de large, le frontal de dix lignes; il y aura à la têtière un petit ruban de laine de la couleur des compagnies pour couvrir le toupet du cheval.

Les boucles seront de fer poli, & auront dix lignes d'ouverture : il y aura sous la têtière un passant en travers, dans lequel passera la têtière du filet.

Du Filet.

La rêne du filet aura quatre pieds de longueur; il y aura à l'extrémité gauche une boucle coulante de huit lignes d'ouverture: les montans & la rêne auront dix lignes de largeur.

Indépendamment des parties d'équipement réglées par l'article 10, chaque Gendarme sera pourvu d'un porte-cartouche percé de onze coups sur deux rangs, de forme concave pour embrasser le devant de la fonte droite des pistolets où elle sera attachée.

Du Mors de bride.

Les mors de bride seront à canon fermé, les branches droites avec un touret soudé en dehors pour y passer un anneau propre à recevoir les rênes; les bossettes seront en cuivre argenté ou de métal blanc: elles ſeront unies, à l'exception de la compagnie des Gendarmes-Écoſſois qui conſervera au milieu une fleur-de-lys couronnée.

La houſſe & les chaperons faits à calotte, ſeront de drap cramoiſi, bordés d'un galon en argent large d'un pouce, de même deſſin que celui de l'habit uniforme; le chiffre de la compagnie y ſera brodé en argent. *Des Houſſe & Chaperons.*

Il ſera employé à la confection de chaque houſſe & deux chaperons, cinq huitièmes de drap cramoiſi de quatre quarts de large, & quatre aunes & demie de galon.

Les rubans pour la queue du cheval ſeront des couleurs de la compagnie, & noués en roſette ſuivant le modèle. *Des Rubans de queue pour le cheval.*

TITRE II.

De l'habillement, équipement & armement des Officiers ſupérieurs, Sous-aide-major, Maréchaux-des-logis & Fourriers-major.

ARTICLE PREMIER.

L'HABIT grand uniforme des Officiers ſera de drap écarlate, des mêmes forme & proportions, coupe de poches & poſition de boutons, que celui du Gendarme, les baſques ſeront retrouſſées & agraffées. *Du grand Uniforme.*

Il ſera bordé d'une broderie d'un pouce de largeur en fil d'argent & paillettes, à colonne torſe à trois côtés, d'une ligne de large chacune, ornée de palmes à deux pouces l'une de l'autre.

Les tailles feront brodées d'une broderie du même deffin, d'un pouce & demi de large.

Chaque revers fera garni de huit petits boutons, & brodé de fept brandebourgs du même deffin de broderie que le bordé, il fera brodé au-deffous de chaque revers deux autres brandebourgs.

Le parement qui fera bordé d'une broderie d'un pouce de large, fera en outre garni d'une feconde broderie de la largeur d'un pouce & demi; il fera garni de trois gros boutons.

Les poches & les pattes feront entourées d'une broderie large d'un pouce; le deffous du bouton des hanches fera brodé en forme d'écuffon de la même broderie couvrant la couture des plis de l'habit.

Les boutons de l'habit & ceux des revers feront de filés d'argent en paillettes.

Vefte. La vefte fera de drap de couleur chamois, fans pattes de poches, de la même coupe & proportion que celle du Gendarme; elle fera brodée à la bourgogne, d'une broderie du même deffin que celle de l'habit, liférée de noir; le bordé fera d'un pouce, & la grande broderie d'un pouce & demi de largeur; la vefte fera garnie de douze petits boutons en filés d'argent & paillettes.

Culotte. La culotte fera de couleur chamois, avec les boutons uniformes du Gendarme.

Veut Sa Majefté, que les Officiers ne puiffent faire exécuter & porter le grand uniforme ci-deffus réglé, qu'après qu'Elle en aura plus particulièrement déterminé le temps, & qu'en attendant lesdits Officiers ne puissent porter que les petits uniformes ci-après détaillés.

2.

L'HABIT petit uniforme, sera de drap écarlate; il sera pareil en tout point à celui du grand uniforme, à l'exception qu'il ne sera point brodé sur les tailles: la veste & la culotte seront les mêmes que celles du grand uniforme, réglées par l'article précédent. *Du petit uniforme.*

3.

LE surtout que les Officiers porteront, sera de drap écarlate, croisé par-derrière, & bordé en broderie, conformément au modèle réglé; il sera sans poches apparentes, & le parement sera en botte ronde sans boutons; le collet du surtout sera de velours cramoisi, arrondi de manière à pouvoir être boutonné. *Du Surtout.*

Les boutons seront brodés à limace.

La veste sera de drap chamois, coupée dans les mêmes proportions que celle de l'uniforme; elle sera bordée d'une seule broderie, pareille à celle dudit surtout. *Veste.*

La culotte de drap chamois, garnie de boutons uniformes. *Culotte.*

Sa Majesté veut bien permettre aux Officiers de porter pour l'été, en temps de paix, des cols, culottes & gilets blancs; lesquels devront être uniformes.

4.

LA redingote sera de drap écarlate, bordée d'un dessin de broderie à deux baguettes croisées, à palmes; *De la Redingote.*

le parement en botte ronde, fermé en-dessous par trois petits boutons; les boutons seront uniformes à ceux de l'habit du Gendarme; ladite redingote sera assez large & assez longue pour être portée sur un habit.

5.

Du Manteau.

Le manteau sera de drap écarlate, parementé de serge chamois, comme celui du Gendarme; le collet sera bordé d'une broderie pareille à celle du surtout.

6.

Des menues fournitures. Chapeau.

Le chapeau sera bordé d'un galon à crête, de vingt-six lignes de large, y compris la crête, conforme au modèle réglé; il sera retapé comme celui du Gendarme; le bourdaloue sera d'un galon sans crête, du même dessin que celui du bord.

Le bouton de fil d'argent à limace.

La cocarde de basin, telle que celle du Gendarme.

Les gants de même que ceux des Gendarmes.

Le col de velours noir.

Les cheveux liés en queue, avec une rosette pareille à celle du Gendarme.

7.

De l'habillement des Sous-aides-major, Maréchaux-des-logis, Fourriers-major.

L'habit uniforme des Sous-aides-major & Maréchaux-des-logis, sera le même que celui des Officiers supérieurs.

Celui des Fourriers-major sera le même que celui des Maréchaux-des-logis, à l'exception qu'il y aura deux brandebourgs brodés sur chaque parement, en place de la double broderie.

La veſte ſera la même que celle des Officiers ſupérieurs, ſi ce n'eſt qu'elle ſera ſimplement bordée de la petite broderie.

La culotte de drap chamois, avec les boutons uniformes.

8.

Des Surtouts.

Le ſurtout des Sous-aides-major, Maréchaux-des-logis & Fourriers-major, ſera de drap écarlate, fait, quant à la coupe, comme celui des Officiers ſupérieurs; mais au lieu d'être brodé, il ſera bordé d'un galon à crête, conforme au modèle.

Le collet ſera de velours cramoiſi, de la même forme que celui du ſurtout des Officiers ſupérieurs.

La veſte ſera de drap chamois, unie & coupée comme celle de l'habit uniforme.

Les boutons du ſurtout & de ſa veſte, ſeront du même modèle que ceux du Gendarme.

La culotte ſera de drap chamois.

Les cols, veſtes & culottes blancs ſeront tolérés pour l'été, pendant le temps de paix, & ſeront uniformes.

9.

Des Épaulettes.

Les Officiers ſupérieurs porteront ſur l'habit grand uniforme, petit uniforme & ſurtout, les épaulettes diſtinctives du grade militaire qu'ils auront par les charges dont ils ſeront pourvus.

Ces épaulettes ſeront de treſſes d'argent, brodées de chaque côté, d'une broderie du même deſſin réduit que celle de l'habit, avec franges & cordelières.

Le Guidon portera l'épaulette de Lieutenant-colonel.

L'Enſeigne qui n'aura rang de Meſtre-de-camp qu'en vertu d'une commiſſion, ne portera que l'épaulette diſtinctive de Lieutenant-colonel.

Les Aides-major, le Guidon, l'Enſeigne des Écoſſois & les deux plus anciens Enſeignes du Corps, brévetés Meſtres-de-camp par l'Ordonnance du 23 janvier 1771, porteront les deux épaulettes diſtinctives du Meſtre-de-camp.

Les Sous-lieutenans & les Capitaines porteront également les deux épaulettes de Meſtre-de-camp.

Les Officiers ſupérieurs qui ſeront pourvus du grade de Brigadier, porteront au milieu de chaque épaulette, une étoile en or.

Le Commandant général, gradué Lieutenant général, portera trois étoiles ſur chacune de ſes épaulettes.

Les Sous-aides-major, Maréchaux-des-logis & Fourriers-major, porteront ſur l'habit uniforme & ſurtout, l'épaulette de Capitaine, comme la marque diſtinctive du grade militaire qu'ils ont dans le Corps, ſans avoir égard aux commiſſions de Lieutenans-colonels ou de Meſtres-de-camp, qui pourront leur être expédiées.

Leſdites épaulettes ſeront brodées comme celles des Officiers ſupérieurs, & ne diffèreront que par les franges qui ſeront de filés d'argent ſans cordelières.

10.

De l'Équipement & Armement.

Du Sabre.

Le ſabre uniforme des Officiers ſera à garde couverte de quatre branches en acier bronzé, la coquille pleine &

piquetée, la lame de trente-trois pouces de longueur; pleine & à dos, de quatre lignes d'épaiſſeur près de la ſoie, & de douze lignes de largeur, diminuant juſqu'à la pointe coupée du côté du tranchant.

L'épée ſera d'argent, la coquille pleine; le tour, ainſi que la branche, ſeront travaillés d'un deſſin pareil à la broderie de l'habit ſemblable au modèle arrêté. *De l'Épée.*

Le ceinturon ſera conforme à celui du Gendarme, & bordé d'une broderie en fil d'argent & paillettes ſemblables au modèle réglé. *Du Ceinturon.*

Il ſera garni par-devant d'une plaque en forme de carré long, arrondi, de trois pouces ſix lignes de longueur ſur deux pouces trois lignes de largeur; elle ſera d'argent timbrée des armes du Roi en relief, ornées de palmes de chaque côté, les fleurs-de-lys dorées ſur un champ bleu.

Le cordon de ſabre & d'épée ſera d'argent liſéré de ſoie de la couleur diſtinctive de chaque compagnie, ayant un ſeul gland mêlé de franges & de cordelières. *Du Cordon de ſabre.*

Les piſtolets ſeront de treize pouces de long, les canons de ſept pouces & demi, renforcés ſur le bout & ſurdorés, les calibres de ſix lignes, les guidons en argent, les platines, couvre-platines & les ſougardes d'acier uni, mais gravées de trophées ou chiffres des compagnies ſur chaque côté des calottes. *Des Piſtolets.*

Les calottes ſeront en argent, les ovales ſeront faites de manière à pouvoir ſupporter une gravure; les bois pour la monture des piſtolets ſeront de noyer avec ornemens, les baguettes de baleines garnies de têtes d'acier.

Des Cuiraſſes. Lorſque les Officiers devront avoir des cuiraſſes, elles ſeront conformes aux modèles qui ſeront préſentés & agréés.

II.

De L'ÉQUIPAGE DES CHEVAUX DES OFFICIERS.

De la Houſſe & Chaperons. L'ÉQUIPAGE du cheval des Officiers ſupérieurs, ſera compoſé d'une houſſe & de deux chaperons à calottes, en velours cramoiſi, garni d'un galon à crête du modèle arrêté, de deux pouces & demi de largeur; les chiffres des compagnies, tels qu'ils ſont réglés, ſeront brodés ſur chacun des côtés de la houſſe & des chaperons.

De la Selle. La ſelle ſera à la royale, de velours cramoiſi, bordée d'un galon de ſoie de même couleur.

De la Bride. La têtière de bride à la françoiſe ; les boucles & les boſſettes ſeront d'argent, conformes au modèle arrêté.

La compagnie Écoſſoiſe aura ſeule une fleur-de-lys couronnée ſur les boſſettes; celles des autres compagnies ſeront unies.

Du Filet. Le filet ſera d'argent.

L'État-major portera ſur ſes houſſes le chiffre de la compagnie Écoſſoiſe, & aura les mêmes boſſettes.

Les houſſes & chaperons des Sous-aides-major, Maréchaux-des-logis & Fourriers-major, ſeront de drap cramoiſi, & au ſurplus ſemblables à ceux des Officiers ſupérieurs.

La ſelle deſdits Officiers ſera à la royale, de drap cramoiſi, bordée d'un galon de ſoie de même couleur.

Les boucles de la bride & les boſſettes ſeront pareilles à celles des Officiers ſupérieurs.

TITRE III.

De l'Habillement, Équipement & Armement des Timbaliers & Trompettes.

SA MAJESTÉ fera fournir les casaques du Timbalier & des Trompettes, ainsi que les manteaux, suivant l'usage établi à cet égard. *Casaques.*

La veste sera de drap écarlate, sans poches; elle sera bordée d'un galon uni en argent, d'un pouce de largeur. *Veste.*

Les casaques & la veste dureront six ans.

La culotte sera de drap écarlate.

Le chapeau bordé d'un galon d'argent large de dix-huit lignes, du même dessin que celui des casaques.

L'épée uniforme, le sabre, le col, la cocarde & les gants seront les mêmes que ceux des Gendarmes.

Les cheveux seront liés en queue, avec une rosette pareille à celle du Gendarme.

Le cordon de sabre en argent & soie de la couleur de la livrée du Roi.

Le ceinturon, à la françoise, de peau blanche, bordé d'un petit galon uni en argent, renfermant dans le milieu un galon livrée du Roi, sera porté sur la veste.

Les bottes seront molles.

La housse & les chaperons à calotte, de drap bleu teint en laine, bordés d'un galon d'argent à feston d'un pouce de large.

La housse du cheval du Timbalier sera de drap bleu;

galonné à la bourgogne; le bordé ſera d'un pouce & le ſecond galon de deux pouces de largeur.

Les ſurtouts des Trompettes ſeront de drap bleu, doublés de ſerge rouge; les collets, paremens & pattes des poches bordés d'un galon en argent large d'un pouce, du même deſſin que celui des caſaques; le parement coupé & fermé en botte, les poches en travers.

Le ſurtout du Timbalier ſera le même que ceux des Trompettes; il aura de plus un galon autour de la poche, & ſera bordé ſur le devant de l'habit & aux baſques de derrière, du même galon large d'un pouce.

Leſdits ſurtouts des Timbalier & Trompettes, ſeront fournis aux frais du Roi.

TITRE IV.

De la Manutention de l'habillement.

ARTICLE PREMIER.

Commiſſaires nommés à l'Habillement.

L'INTENTION de Sa Majeſté étant que l'habillement des dix compagnies de ſa Gendarmerie, continue d'être exécuté, ainſi qu'il a été preſcrit par ſon Ordonnance du 5 juin 1763; Elle veut qu'il ſoit choiſi parmi les Chefs de brigades, un Capitaine-lieutenant, un Sous-lieutenant & un Enſeigne, qui ſeront chargés de faire les achats concernant l'habillement & les menues réparations, & de les faire parvenir au Corps à l'époque que le Commandant général aura fixée.

2.

LORSQU'UN des Chefs de brigade, chargé des ſoins de l'habillement, quittera ſon emploi, ou paſſera à un autre grade, le Commandant général assemblera chez lui les Officiers supérieurs du grade égal à celui de l'Officier ci-dessus désigné, pour faire entr'eux à la pluralité des voix, l'élection de celui qui devra remplacer le Chef de brigade quittant ou passant à un autre emploi: Sa Majesté veut & entend néanmoins que l'Officier élu n'entre en fonctions relatives audit habillement, qu'autant que celui qui en étoit précédemment chargé, aura fini & rendu les comptes de son administration.

3.

Masse retenue pour l'habillement.

IL sera fait en tout temps, sous le titre de *Masse de l'habillement*, une retenue de trois sous par jour sur chaque Brigadier, Sous-brigadier, Porte-étendard, Fourrier, Appointé & Gendarme, dont le fonds sera destiné à l'habillement des dix compagnies: cette Masse demeurera entre les mains du Trésorier général de l'ordinaire des guerres, qui ne la délivrera aux Chefs de brigade chargés des soins de l'habillement, que sur l'ordre signé par le Commandant général, Inspecteur.

4.

Objets de dépense, affectés sur la Masse.

VEUT Sa Majesté, que sur le produit de ladite Masse, il ne soit acquitté que les dépenses relatives à la confection

De l'habit uniforme & de sa veste,
Du surtout & de sa veste,
Des épaulettes,
Des bandoulières,
Et des housses & chaperons.

Objets affectés sur les émolumens des Brigades.

Les émolumens des brigades seront affectés à la dépense de la fourniture & entretien

Des chapeaux & des bords, cocardes, cols, gants, cordons de ſabres, bottes fortes, ſelles & brides, ceinturons & plaques, ſabres, mouſquetons, piſtolets & manteaux.

Porte-manteau fourni par le Gendarme.

Chacun des Brigadiers, Sous-brigadiers, Porte-étendards, Fourriers, Appointés, Gendarmes, Timbalier & Trompettes, ſera tenu de ſe fournir & d'entretenir ſon porte-manteau uniforme, lequel lui appartiendra, & dont il pourra diſpoſer lorſqu'il quittera l'emploi qu'il occupera dans le Corps.

5.

Durée des effets uniformes.

L'HABIT & la veſte uniformes, dureront au moins l'eſpace de ſix ans, au moyen des deux ſurtouts & veſtes qui ſeront délivrés pour le même eſpace de temps; & ſi à la fin du terme de la durée preſcrite, il ſe trouve en bon état, Sa Majeſté autoriſe le Commandant général à faire prolonger la durée dudit habillement grand uniforme, en faiſant délivrer un ſurtout de plus pour faciliter ladite prolongation.

Les ſurtout & veſte ſeront portés concurremment avec le grand uniforme, & remplacés tous les trois ans.

Le manteau durera au moins huit ans.

La bandoulière, quatre ans.

Les chapeaux, cocardes & cols de velours, ſeront remplacés tous les ans.

Les gants dureront deux ans.

Les bottes, cinq ans en temps de paix, & elles ſeront remplacées en temps de guerre autant que le beſoin l'exigera.

Le ſabre durera douze ans.

Le cordon de ſabre ſera remplacé tous les deux ans.

Le ceinturon ſera le ſervice de ſix ans, & le galon ſera renouvelé tous les trois ans.

Les mouſquetons & piſtolets, ſeront remplacés à meſure qu'ils ſeront reconnus hors de ſervice.

La ſelle d'armes durera quinze ans.

La houſſe & les chaperons, ſix ans en temps de paix; & en temps de guerre, ils ſeront remplacés lorſqu'ils ſeront hors de ſervice.

6.

Achat de l'habillement.

LES Chefs de brigades, chargés de l'achat de l'habillement, ſeront tenus de juſtifier au Commandant général, de l'emploi des billets de Maſſe dont il aura donné la main-levée; & il vérifiera ſi l'emploi des fonds eſt conforme à la ſomme délivrée, à l'effet d'en rendre compte à Sa Majeſté.

7.

Réparations réglées par le Commandant général.

LE Commandant général, Inſpecteur, déterminera à ſa revue, tous les objets de réparations concernant l'habillement, l'équipement & l'armement; il en fera remettre l'état aux Chefs de brigades chargés des approviſionnemens, & fixera l'époque à laquelle leſdits objets devront être rendus au Corps.

Le Commandant général ſera particulièrement chargé de l'exécution des objets de l'habillement, & pour d'autant plus aſſurer l'uniformité entière dans toutes les parties, il commettra en ſon abſence un Officier-major, ſous l'autorité du Commandant du Corps, ſur les lieux, pour qu'il tienne la main à ce que tout ſoit exécuté conformément aux modèles arrêtés.

8.

Marchandiſes envoyées, reçues par le Commandant général.

LES fournitures néceſſaires à la confection des parties dont le Commandant général aura jugé, lors de ſa revue d'inſpection, le remplacement néceſſaire, ſeront envoyées au Corps & rendues aux époques qu'il aura déſignées; elles ſeront dépoſées dans un magaſin qui ſera établi à cet effet, dont les Commiſſaires chargés de l'habillement donneront le ſoin à un Officier; les fournitures ne pourront être reçues que par le Commandant général, ou en ſon abſence par celui qu'il aura commis à cet effet, & elles ne ſeront agréées qu'autant qu'elles ſe trouveront conformes en tout point aux échantillons & aux modèles arrêtés.

Si leſdites fournitures n'arrivoient pas au Corps aux époques indiquées par le Commandant général, le Commandant du Corps en rendra compte; & dans ce cas Sa Majeſté autoriſe le Commandant général à prendre les moyens les plus prompts pour aſſurer la confection de l'habillement au terme fixé; le ſurcroît de dépenſe & les faux-frais que le retardement de l'arrivée des fournitures occaſionneroit, ne ſeront plus au compte de la Maſſe, mais retenus ſur les émolumens des brigades.

9.

Paſſeports ſeront demandés par le Commandant général.

LES Chefs de brigades, chargés de l'achat de l'habillement, ſe feront remettre d'avance, par les fourniſſeurs avec leſquels ils auront traité, l'état des paſſeports qu'ils prévoiront néceſſaires pour l'affranchiſſement des droits dont les Effets de l'habillement pourroient être ſuſceptibles dans la route qu'il devront parcourir, ils remettront ledit état au Commandant général, Inſpecteur, qui en demandera auſſitôt l'expédition pour que rien ne puiſſe retarder l'arrivée deſdits effets; ledit état ſera arrêté & ſigné par leſdits Chefs de brigades, & viſé par le Commandant-Inſpecteur.

10.

Officier chargé du Magaſin.

L'OFFICIER chargé du ſoin du magaſin des fournitures, le ſera également de toutes les dépenſes relatives à l'exécution des objets de l'habillement, équipement & armement.

Comptes à rendre.

Il tiendra un journal de ſes dépenſes, & rendra ſes comptes aux Chefs de brigades, chargés de l'achat des fournitures, dans le courant des mois de Juillet & Août de chaque année; leſdits comptes contiendront l'entrée des fournitures de toute eſpèce qui auront été confiées à ſes ſoins, & la ſortie de celles qu'il aura délivrées aux ouvriers, pour être les différentes parties de l'habillement façonnées; il fera recette des effets de l'habillement que les ouvriers rapporteront façonnées audit magaſin, & dépenſe de ceux qu'il aura fait délivrer à chaque brigade; il établira la recette de l'argent qui lui aura été remis, & la dépenſe de celui qu'il aura payé pour les façons & faux-frais de la confection de l'habillement: après que leſdits comptes auront été examinés par leſdits Chefs de brigade, ils ſeront par eux remis au Commandant général, Inſpecteur, à l'effet de juſtifier de l'emploi du montant des billets de Maſſe qui leur auront été délivrés.

11.

Obligation d'acheter dans les Fabriques.

POUR aſſurer davantage l'uniformité, les Chefs de brigades, chargés de l'achat des différentes fournitures de l'habillement, traiteront directement avec les fabricans, & avec un seul pour chaque objet de même espèce; toutes les marchandises seront voiturées au Corps, & conduites en droiture des lieux où elles auront été fabriquées, à l'exception du drap écarlate qui, devant être teint à Paris, sera forcément obligé de passer par ladite ville.

12.

Modèles déposés à l'État-major.

Il sera remis par le Commandant général, & déposé à l'État-major du Corps, un modèle des différens objets façonnés de l'habillement, équipement & armement que Sa Majesté aura arrêté, & lesdits modèles seront cachetés du cachet du Corps.

13.

Échantillons de marchandises déposés à l'État-major.

Il sera remis de même au magasin du Corps, des échantillons cachetés, ainsi qu'il est prescrit à l'article précédent, de l'espèce & nature des marchandises dont il devra être fait emplette pour l'habillement, afin que le Commandant général, Inspecteur, ou l'Officier qu'il aura commis à l'examen & réception desdites marchandises en son absence, puisse vérifier à leur arrivée, si elles sont conformes à la qualité, espèce & couleur desdits échantillons: tout ce qui ne sera pas reconnu pareil, sera renvoyé auxdits fournisseurs, à leurs frais, lesquels seront tenus par leur marché, d'en faire le remplacement: Et dans le cas où de la part desdits fournisseurs, il seroit trop long-temps différé, le Commandant général ordonnera les moyens qu'il jugera les plus convenables pour y pourvoir, à l'effet d'achever la confection de l'habillement pour le temps marqué.

14.

LORSQU'IL aura été ordonné de faire travailler à l'habillement, l'Officier chargé du magasin remettra à celui qui sera chargé de veiller à l'exécution des effets dudit habillement, la quantité d'étoffes & de fournitures de chaque espèce, réglées par les dispositions du titre I.er du présent règlement; & l'Officier qui les aura reçues, sera tenu de remettre au magasin du Corps la même quantité d'effets façonnés, que les marchandises délivrées en auront dû rendre.

Travail de l'habillement.

15.

L'OFFICIER chargé du magasin, payera la façon de tous les effets d'habillemens façonnés qui lui auront été livrés par l'Officier chargé de veiller & de suivre leur exécution, conformément aux prix ci-après réglés.

Prix des façons.

SAVOIR;

	l	s
Pour la façon de l'habit grand uniforme.......	4	16
De sa veste...............	1.	4.
Du surtout...............	3.	
De sa veste...............	1.	4.
Du manteau...............	1.	4.
De la housse & des chaperons.....	2.	

16.

LORSQUE les différens effets façonnés auront été remis à l'Officier chargé du magasin du Corps, il ne pourra s'en désaisir ou les délivrer aux détailleurs des brigades, que sur l'ordre du Commandant général.

Distribution de l'habillement.

17.

LES Gendarmes ne pourront emporter leurs habits & vestes uniformes lorsqu'ils iront en congé de semestre,

Effets uniformes resteront au Corps.

ou qu'ils s'abſenteront du Corps par permiſſion; les détailleurs auront attention de les retirer, & de ne leur laiſſer emporter que les ſurtouts, veſtes & chapeaux.

18.

Défenſe de porter l'uniforme.

DÉFEND, Sa Majeſté à tout Gendarme qui ne ſera pas décoré de la croix de Saint-Louis, ou qui n'aura pas obtenu une penſion de retraite en quittant le ſervice du Corps, d'en porter l'uniforme, à peine d'être punis d'un an de priſon.

19.

GENDARME en congé, portera le ſurtout.

DÉFEND pareillement Sa Majeſté à tout Gendarme qui ira en congé de ſemeſtre, de porter d'autres habits écarlates que ceux qui ſeront conformes à l'habit ou au ſurtout preſcrit par le préſent règlement.

Le ſieur Marquis de Caſtries, Commandant général & Inſpecteur de la Gendarmerie, les Capitaines-lieutenans des compagnies dudit Corps, & les Commiſſaires des guerres à ſa conduite & police, tiendront la main à l'exécution du préſent règlement; lequel Sa Majeſté veut être lû & publié à la tête de la Gendarmerie, à ce qu'aucun n'en prétende cauſe d'ignorance.

FAIT à Verſailles le dix-huit février mil ſept cent ſoixante-douze. *Signé* LOUIS. *Et plus bas*, MONTEYNARD.

A PARIS, DE L'IMPRIMERIE ROYALE. 1772.

www.ingramcontent.com/pod-product-compliance
Lightning Source LLC
LaVergne TN
LVHW010013230826
846092LV00002B/787

9782329637259